일락서산에 개구리 울음

국립중앙도서관 출판시도서목록(CIP)

일락서산에 개구리 울음 / 지은이: 박용래. -- 양평군 : 시인생각, 2013
 p. ; cm. -- (한국대표명시선 100)

"박용래 연보" 수록
ISBN 978-89-98047-83-2 03810 : ₩6000

한국 현대시[韓國 現代詩]

811.62-KDC5
895.714-DDC21   CIP2013012938

한 국 대 표
명　　시　　선
1　　0　　0

박 용 래

일락서산에 개구리 울음

시인생각

■ 차 례 ——————— 일락서산에 개구리 울음

1

저녁눈　11

그 봄비　12

구절초　13

엉겅퀴　14

겨울밤　15

황토길　16

버드나무 길　18

담장　19

뜨락　20

울타리 밖　21

코스모스　22

뻐꾸기 소리　24

한국대표명시선100 박용래

2

자화상 1　　27

감새　　28

오류동五柳洞의 동전　　30

눈　　31

설야雪夜　　32

꿈속의 꿈　　33

음화陰畵　　34

먼 바다　　35

열사흘　　36

보름　　37

모일某日　　38

앵두, 살구꽃 피면　　40

3
오호   43

논산을 지나며   44

가학리佳鶴里   45

산견散見   46

학의 낙루落淚   47

강아지풀   48

들판   49

소감小感   50

울안   51

옛사람들   52

고추잠자리   53

삼동三冬   54

4

낮달　57

고월古月　58

서산西山　59

취락聚落　60

별리別離　61

해바라기 단장斷章　62

시락죽　64

미음微吟　65

요령鐃鈴　66

차일遮日　68

나부끼네　69

할매　70

5

고향　73

엽서　74

모과차　75

봄　76

제비꽃　77

제비꽃 2　78

접분接分　79

하관下棺　80

연지빛 반달형型　81

월훈月暈　82

박용래 연보　83

1

저녁눈

늦은 저녁때 오는 눈발은 말집 호롱불 밑에 붐비다

늦은 저녁때 오는 눈발은 조랑말 발굽 밑에 붐비다

늦은 저녁때 오는 눈발은 여물 써는 소리에 붐비다

늦은 저녁때 오는 눈발은 변두리 빈터만 다니며 붐비다.

그 봄비

오는 봄비는 겨우내 묻혔던 김칫독 자리에 모여 운다

오는 봄비는 헛간에 엮어 단 시래기 줄에 모여 운다

하루를 섬섬히 버들눈처럼 모여 서서 우는 봄비여

모스러진 돌절구 바닥에도 고여 넘치는 이 비천함이여.

구절초

누이야 가을이 오는 길목 구절초 매디매디 나부끼는 사랑아
내 고장 부소산 기슭에 지천으로 피는 사랑아
뿌리를 대려서 약으로도 먹던 기억
여학생이 부르면 마아가렛
여름모자 차양이 숨었는 꽃
단추 구멍에 달아도 머리핀 대신 꽂아도 좋을 사랑아
여우가 우는 추분秋分 도깨비불이 스러진 자리에 피는 사랑아
누이야 가을이 오는 길목 매디매디 눈물 비친 사랑아.

엉겅퀴

잎새를 따 물고 돌아서잔다
이토록 갈피없이 흔들리는 옷자락

몇 발자국 안에서 그날
엷은 웃음살마저 번져도

그리운 이 지금은 너무 멀리 있다
어쩌면 오직 너 하나만을 위해

기운 피곤이 보랏빛 홍분이 되어
슬리는 저 능선

함부로 폈다
목 놓아 진다.

겨울밤

잠 이루지 못하는 밤 고향집 마늘밭에 눈은 쌓이리.
잠 이루지 못하는 밤 고향집 추녀 밑 달빛은 쌓이리.
발목을 벗고 물을 건너는 먼 마을.
고향집 마당귀 바람은 잠을 자리.

황토길

낙엽 진 오동나무 밑에서
우러러보는 비늘구름
한 권 책도 없이
저무는
황톳길

맨 처음 이 길로 누가 넘어갔을까
맨 처음 이 길로 누가 넘어왔을까

쓸쓸한 흥분이 묻어 있는 길
부서진 봉화대 보이는 길

그날사 미음들레꽃은 피었으리
해바라기만큼 한

푸른 별은 또 미음들레 송이 위에서
꽃등처럼 주렁주렁 돋아났으리

푸르다 못해 검던 밤하늘
빗방울처럼 부서지며 꽃등처럼

밝아오던 그 하늘

그날의 그날 별을 본 사람은
얼마나 놀랐으며 부시었으리

사면에 들리는 위엄도 없고
강 언덕 갈대늪도 흔들리지 않았고
다만 먼 화산 터지는 소리
들리는 것 같아서

귀 대이고 있었으리
땅에 귀 대이고 있었으리.

버드나무 길

맘 천근 시름겨울 때
천근 맘 시름겨울 때
마른 논에 고인 물
보러 가자.
고인 물에 얼비치는
쑥부쟁이
염소 한 마리
몇 점의 구름
홍안紅顔의 소년같이
보러 가자.

함지박 아낙네 지나가고
어지러이 메까치 우짖는 버드나무
길.

마른 논에 고인 물.

담장

오동꽃 우러르면 함부로 노한 일 뉘우쳐진다.
잊었던 무덤 생각난다.
검정 치마, 흰 저고리, 옆가르마, 젊어 죽은 홍래鴻來 누이 생각도 난다.
오동꽃 우러르면 담장에 떠는 아슴한 대낮.
발등에 지는 더디고 느린 원뢰遠雷.

뜨락

모과나무, 구름
소금항아리
삽살개
개비름
주인은 부재
손만이 기다리는 시간
흐르는 그늘
그들은 서로 말을 할 수는 없다
다만 한 가족과 같이 어울려 있다

울타리 밖

머리가 마늘쪽같이 생긴 고향의 소녀와
한여름을 알몸으로 사는 고향의 소년과
같이 낯이 설어도 사랑스러운 들길이 있다

그 길에 아지랑이가 피듯 태양이 타듯
제비가 날듯 길을 따라 물이 흐르듯 그렇게
그렇게

천연天然히

울타리 밖에도 화초를 심는 마을이 있다
오래오래 잔광殘光이 부신 마을이 있다
밤이면 더 많이 별이 뜨는 마을이 있다.

코스모스

곡마단이
걸어간
허전한
자리는
코스모스의
지역

코스모스
먼
아라스카의 햇빛처럼
그렇게
슬픈 언저리를
에워서 가는
위도緯度

참으로
내가
사랑했던 사람의
일생

코스모스
또 영
돌아오지 않는
소녀의
지문指紋

뻐꾸기 소리

외로운 시간은
밀보리빛
아침 열 시
라디오 속
뻐꾸기 소리로 들리고
아침 열 시 반
창 모서리
개오동으로 풀리고
그림 없는 액자 속
풀리고, 풀리고
갇힌 방에서
외로운 시간은

2

자화상 1

파초芭蕉는 춥다
창호지 한 겹으로
왕골자리 두르고
삼동三冬을 난다.

받쳐 올린 천정天井이
갈맷빛 하늘만큼 하랴만

잔솔가지 사근사근
눈뜨는 밤이면

웃방에 앉아
거문고줄 고르다.

이마 마주댄
희부연한 고샅길.

파초는 역시 춥다.
시렁 아래 소반小盤머리.

감새

감새
감꽃 속에 살아라

주렁주렁
감꽃 달고

곤두박질 살아라

동네 아이들
동네서 팽이 치듯

동네 아이들
동네서 구슬 치듯

감꽃
노을 속에 살아라

머뭇머뭇 살아라

감꽃 마슬의
외따른 번지 위해

감꽃 마슬의
조각보 하늘 위해

그림 없는
액자 속에 살아라

감꽃
주렁주렁 달고

감새,

오류동五柳洞의 동전

한때 나는 한 봉지 솜과자였다가
한때 나는 한 봉지 붕어빵였다가
한때 나는 좌판에 던져진 햇살였다가
중국집 처마 밑 조롱鳥籠 속의 새였다가
먼먼 윤회 끝
이제는 돌아와
오류동의 동전

눈

하늘과 언덕과 나무를 지우랴
눈이 뿌린다
푸른 젊음과 고요한 흥분이 서린
하루하루 낡아가는 것 위에
눈이 뿌린다
스쳐가는 한 점 바람도 없이
송이눈 찬란히 퍼붓는 날은
정말 하늘과 언덕과 나무의
한계는 없다
다만 가난한 마음도 없이 이루어지는
하얀 단층斷層.

설야雪夜

눈보라 휘돌아간 밤
얼룩진 벽에
한참이나
맷돌 가는 소리
고산식물처럼
늙으신 어머니가 돌리시던
오리 오리
맷돌 가는 소리.

꿈속의 꿈

지상은 온통 꽃 더미 사태인데
진달래 철쭉이 한창인데
꿈속의 꿈은
모르는 거리를 가노라
머리칼 날리며
끊어진 현弦 부여안고
가도 가도 보이잖는 출구
접싯물에 빠진 한 마리 파리
파리 한 마리의 나래짓이여라
꿈속의 꿈은

지상은 온통 꽃 더미 사태인데
살구꽃 오얏꽃 한창인데

음화陰畵

　몽당연필이 촘촘 그리는 낙엽, 서리, 서릿발의 입김. 땅재주 넘는 난쟁이. 불방망이 돌아 접시의 낙하落下. 말발굽 소리. 촘촘 창틀에 그리는 새, 홍시, 홍시의 꼭지. 어려라. 콧등이 하얀 원숭이.

먼 바다

마을로 기우는
언덕, 머흐는
구름에

낮게 낮게
지붕 밑 드리우는
종소리에

돛을 올려라

어디메, 막 피는
접시꽃
새하얀 매디마다

감빛 돛을 올려라

오늘의 아픔
아픔의
먼 바다에.

열사흘

부엉이
은모래
한 짐 부리고
부헝 부헝
부여 무량사
부우헝
열사흘
부엉이
은모래
두 짐 부리고
부헝 부헝
서해 외연도
부우헝

보름

관북리官北里 가는 길
비켜 가다가
아버지 무덤
비켜 가다가
논둑 굽어보는
외딴 송방에서
샀어라
성냥 한 갑
사슴표,
성냥 한 갑
어메야
한잔 술 취한 듯
하 쓸쓸하여
보름, 쥐불 타듯.

모일某日

1

살 씻는 소리에
눈물 머금는 미명未明

봉선화야

기껍던 일
그 저런 일

2

노랗게 물든 미루나무 길섶 먼

고향길 해야 지는가

아버지

어머니

같은 사람들

느릿느릿 뒷짐 지르고 가는

모과木瓜빛 물든 길섶 해야 지는가

   3

들깨 냄새가 나는 울안

골마루 끝에 매미 울음 스몄는가

목을 늘여

먹던 금계랍의 쓴맛

앵두, 살구꽃 피면

앵두꽃 피면
앵두 바람
살구꽃 피면
살구 바람

보리 바람에
고뿔 들릴세라
황새목 둘러주던
외할머니 목수건

3

오호

박고지 말리는 낭산狼山골
학이 된 백결百結 선생
돗자리 두르고 두르고
거문고 줄 고르면
훗훗 밭머리 흩어지는
새떼
마당 가득 메워
더러는 굴뚝 모퉁이
떨어지는 메추라기

오호 한 잔의 이슬

논산을 지나며

　겨울 농부의 가슴을 설레고 설레게 하는 논산산업사 정미소 안뜰의 산더미 같은 왕겨여
　김이 모락모락 피는 아침 왕겨여
　지나는 나그네
　보기만 해도 배불러라

가학리佳鶴里

바다로 가는 하얀 길
소금 실은 화물 자동차가 사람도 싣고
이따금 먼지를 피우며 간다

여기는 당진 송학면 가학리
가차이 아산만이 빛나 보인다
발밑에 싸리꽃은 지천으로 지고

산견散見

해종일 보리 타는
밀 타는 바람

논귀마다 글썽
개구리 울음

아 숲이 없는 산에 와
뻐꾹새 울음

낙타의 등 기복起伏 이는 구름
먼 오딧빛 망각.

학의 낙루落淚

세상 외로움을 하얀 무명올로 가리우자
세상 괴로움을 하얀 무명올로 가리우자
세상 구차함을 하얀 무명올로 가리우자
세상 억울함을 하얀 무명올로 가리우자

일 년 열두 달 머뭇머뭇 골목을 누비며
삼백예순날 머뭇머뭇 집집을 누비며
오오, 안쓰러운 시대의
마른 학의 낙루

슬픔은 모른다는 듯
기쁨은 모른다는 듯
구름 밖을 솟구쳐 날고
날다가

세상 억울함을 하얀 무명올로 가리우자
세상 구차함을 하얀 무명올로 가리우자
세상 괴로움을 하얀 무명올로 가리우자
세상 외로움을 하얀 무명올로 가리우자

강아지풀

남은 아지랑이가 홀홀 타오르는 어느 역 구내 모퉁이 어메는 노오란 아베도 노란 화물에 실려 온 나도사 오요요 강아지풀, 목마른 침목은 싫어 삐걱 삐걱 여닫는 바람소리 싫어 반딧불 뿌리는 동네로 다시 이사 간다. 다 두고 이슬 단지만 들고 간다. 땅 밑에서 옛 상여 소리 들리어라. 녹물이 든 오요요 강아지풀.

들판

가을, 노적가리 지붕 어스름 밤 가다가 기러기 제 발자국에 놀래 노적가리 시렁에 숨어버렸다 그림자만 기우뚱 하늘로 날아 그때부터 들판에 갈림길이 생겼다.

소감小感

 한 뼘 데기 논밭이라 할 일도 없어, 흥부도 흥얼흥얼 문풍지 바르면 흥부네 문턱은 햇살이 한 말.
 패랭이꽃 몇 송이 아무렇게 따서 문고리 문살에 무늬 놓으면 흥부네 몽당비 햇살이 열 말.

울안

탱자울에 스치는 새떼
기왓골에 마른 풀
놋대야의 진눈깨비
일찍 횃대에 오른 레그호온
이웃집 아이 불러들이는 소리
해 지기 전 불 켠 울안.

옛사람들

비슷비슷한 이름들이
건들팔월
모스러진 섬돌,
잿무덤 속에서
장독까지
치켜든 대싸리 속에서
창지窓紙에서도
한낮에
두세두세 나오는가 옛
사람들

고추잠자리

비잉 비잉 돈다
어릴 때 하늘이

물빛 대싸리 위에만
뜨던 고추잠자리떼
하늘이

알몸에 고여
빙빙빙 돈다

부질없는 이 오후의 열熱
늦은 시간이 내의를 적신다

삼동三冬

어두컴컴한 부엌에서 새어나는 불빛이여 늦은 저녁
상 치우는 달그락 소리여 비우고 씻는 그릇 소리여
어디선가 가랑잎 지는 소리여 밤이여 섧은 잔이여
어두컴컴한 부엌에서 새어나는 아슴한 불빛이여.

4
제물포 풍경

낮달

반쯤은 둠벙에 묻힌
창포 실뿌리 눈물지네
맨드라미 꽃판 총총 여물어
그늘만 길어가네
절구에 깻단을 털으시던
어머니 생시같이
오솔길에 낮달도 섰네.

고월古月

유리병 속으로
파뿌리 내리듯
내리는
봄비.
고양이와
바라보며
몇 줄 시를 위해
젊은 날을 앓다가
하루는
돌 치켜들고
돌을 치켜들고
원고지 빈칸에
갇혀버렸습니다
고월古月은.

서산西山

상칫단
아욱단 씻는

개구리 울음 오리五里 안팎에

보릿짚
호밀짚 씹는

일락서산日落西山에 개구리 울음.

취락聚落

감나무 밑 풋보
리 이삭이 비
치는 물병 점
심 광주리 밭
매러 간 고무신
둘레를 다지는
쑥국새 잦은목
반지름에 돋는
물집 썩은 뿌
리 뒤지면 흩
내리는 흰 개
미의 취락 달
팽이 꽁무니에
팽팽한 낮이슬.

별리別離

노을 속에 손을 들고 있었다, 도라지빛,

―그리고 아무 말도 없었다.

손끝에 방울새는 울고 있었다.

해바라기 단장斷章

해바라기 꽃판을

응시한다.

삼베올로

삼베올로 꽃판에

잡히는 허망의

물집을 응시한다.

한 잔

백주白酒에

무우오라기를

씹으며

세계의 끝까지

보일 듯한 날.

시락죽

바닥난 통파

움 속의 강설降雪

꼭두새벽부터

강설을 쓸고

동짓날

시락죽이나

끓이며

휘젓고 있을

귀뿌리 가린

후살이의

목수건木手巾

미음微吟

콩나물이나 키우라
콩나물이나 키우라

콩나물시루에 물이나 주라
콩나물시루에 물이나 주라

속이 빈 골파
속이 빈 골파

겨울밤에는 덧문을 걸고
겨울밤에는 문풍지를 세우고.

요령鐃鈴

보리깜부기

점점이

익는

갈깃머리

늙은

등성

까치집 하나,

아스라이 둘

우러러

흰 수염이

불어예는

풀피리 끝

환幻이

풀리는 쌍무지개

솟구치는 상무 상무 잿불 꼬리 감기는 열두 발 상무

가난이 푸르게

눈자위마다

밀리는

상두군 요령

차일遮日

짓광목 차일
설핏한 햇살

사, 오백 평 추녀 끝 잇던
인내人内 장터의 바람

멍석깃에 말리고
도르르 장닭 꼬리에
말리고

산 그림자 기대
앉은 사람들

황소뿔 비낀 놀.

나부끼네

검불 연기
고즈넉이
감도는
금강
상류의
갈밭
노낙 각시
속거 천리
외치며 외치며
모기떼 달라
붙는 양 나부끼네
귀소
서두는 제비들
뱃전을
치고
노낙 각시
속거 천리.

할매

손톱 발톱
하나만
깎고
연지 곤지
하나만
찍고
할매
안개 같은
울 할매
보리 잠자리
밀잠자리 날개
옷 입고
풀줄기에
말려
늪가에
앉은
꽃의
그림자
같은 메꽃

5

고향

눌더러 물어볼까 나는 슬프냐 장닭꼬리 날리는 하얀 바람 봄길 여기사 부여, 고향이란다 나는 정말 슬프냐.

엽서

들판에
차오르는
배추
보리 가리

길이
언덕
넘는 것

가다가
단풍

미루나무버섯 따라가리.

모과차

앞산에 가을비

뒷산에 가을비

낯이 설은 마을에

가을 빗소리

이렇다 할 일 없고

기인 긴 밤

모과차 마시면

가을 빗소리.

봄

종달새는
빗속에 울고 있었다

각시풀은
우거져 떨고 있었다

송사리떼 열 짓는
징검다리 빨래터

그
길섶

두고 온
일모日暮.

제비꽃

　부리 바알간 장 속의 새, 동트면 환상의 베틀 올라 금사金絲, 은사銀絲 올올이 비단올만 뽑아냈지요, 오묘한 오묘한 가락으로.

　난데없이 하루는 잉앗대는 동강, 깃털은 잉앗줄 부챗살에 튕겨 흩어지고 흩어지고, 천길 벼랑에 떨어지고, 영롱한 달빛도 다시 횃대에 걸리지 않았지요.

　달밤의 생쥐, 허청바닥 찍찍 담벼락 긋더니, 포도나무 뿌리로 치닫더니, 자주 비누 쪽 없어지더니.

　아, 오늘은 대나뭇살 새장 걷힌 자리, 흰 제비꽃 놓였습니다.

제비꽃 2

 수숫대 앙상한 육·이오의 하늘. 어쩌다 남루襤褸를 걸치고 내 먹이 위해, 반라半裸의 거리 변두리에 주둔한 미군부대의 차단한 병동病棟, 한낱 사역부로 있을 때. 하루는 저물녘 동부전선에선가 후송해온 나어린 이국병사異國兵士. 그의 얄팍한 수첩 갈피에서 본, 접힌 나비 모양의 꽃이파리 한 잎. 수줍은 듯 살포시 펼쳐보이던 떨리던 손의 꽃이파리 한 잎. 어쩌면 따를 가르는 포화 속에서도 그가 그린 건 한 점 풀꽃이었던가. 어쩌면 자욱이 화약냄새 걷히는 황토밭에서 문득 누이를 보았는가. 한 포기 제비꽃에 어린 날의 추억도. 흡사 하늘이 하나이듯. 그날의 차단한 병동, 흐릿한 야전침대 머리의 한 줄기 불빛, 연보라의 미소.

접분接分

청青참외
속살과 속살의
아삼한 접분
그 가슴
동저고리 바람으로
붉은 산
오내리며
돌밭에
피던 아지랑이
상투잡이
머슴들
오오, 이제는
배나무
빈 가지에
걸리는 기러기.

하관下棺

볏가리 하나하나 걷힌
논두렁
남은 발자국에
뒹구는 우렁 껍질
수레바퀴로 끼는 살얼음
바닥에 지는 햇무리의
하관下棺
선상線上에서 운다
첫 기러기떼.

연지빛 반달형型

　미풍 사운대는 반달형 터널을 만들자. 찔레넝쿨 터널을. 모내기 다랑이에 비치던 얼굴, 찔레.

　폐수廢水가 흐르는 길, 하루 삼부교대의 여공들이 봇물 쏟아지듯 쏟아져
　나오는 시멘트 담벼락.

　밋밋한 담벼락 아니라, 유리쪽 가시철망 아니라, 삼삼한 찔레넝쿨 터널을 만들자, 오솔길인 양.

　산머루같이 까만 눈, 더러는 핏기 가신 볼, 갈래머리 단발머리도 섞인 하루 삼부교대의 암펼들아

　너희들 고향은 어디? 뻐꾹 뻐꾹 소리 따라 감꽃 지는 곳, 감자알은 아직 애리고 오디 또한 잎에 가려 떨떠름한

　슬픔도 꿈인 양 흐르는 너희들, 고향 하늘 보이도록. 목덜미, 발꿈치에도 찔레 향기 묻히도록.

　연지빛 반달형 터널을 만들자.

월훈月暈

  첩첩산중에도 없는 마을이 여긴 있습니다. 잎 진 사잇길 저 모래 둑, 그 너머 강기슭에서도 보이진 않습니다. 헛방다리 들어내면 보이는 마을.
  갱坑 속 같은 마을. 꼴깍, 해가, 노루꼬리 해가 지면 집집마다 봉당에 불을 켜지요. 콩깍지, 콩깍지처럼 후미진 외딴집, 외딴집에도 불빛은 앉아 이슥토록 창문은 모과木瓜 빛입니다.
  기인 밤입니다. 외딴집 노인은 홀로 잠이 깨어 출출한 나머지 무를 깎기도 하고 고구마를 깎다, 문득 바람도 없는데 시나브로 풀려 풀려내리는 짚단, 짚오라기의 설레임을 듣습니다. 귀를 모으고 듣지요. 후루룩후루룩 처마깃에 나래 묻는 이름 모를 새, 새들의 온기를 생각합니다. 숨을 죽이고 생각하지요.
  참 오래오래, 노인의 자리맡에 밭은기침 소리도 없을 양이면 벽 속에서 겨울 귀뚜라미는 울지요. 떼를 지어 웁니다. 벽이 무너지라고 웁니다.
  어느덧 밖에는 눈발이라도 치는지, 펄펄 함박눈이라도 흩날리는지, 창호지 문살에 돋는 월훈.

박용래

연 보

1925(1세) 음력 1월 14일, 충남 논산군 강경읍 본정리에
서 부父 박원태朴元泰와 모母 김정자金正子 사이
의 삼남 일녀 중 막내로 출생함.

1934(10세) 강경읍 중앙보통학교 입학함.

1939(15세) 중앙보통학교를 졸업하고 강경상업학교 입학함.

1943(19세) 강경상업학교를 수석으로 졸업함.
한국은행의 전신인 조선중앙은행에 취직해 서
울로 상경함.

1944(20세) 블라디보스톡행 조선은행권 현금 수송열차의
입회인을 자청하여 두만강을 넘어 다녀옴. 조
선중앙은행 대전지점 개설에 의해 대전으로
전근.

1945(21세) 징집영장을 받고 사직한 후 군용열차에 실려
서울로 상경했으나 용산역에 도착하며 8·15
해방을 맞이함.

1946(22세) 정훈丁薰, 이재복李在福, 박희선朴喜宣, 극작가 하
유상河有祥, 원영한元英漢 등과 함께 〈동백冬栢
시인회〉를 만들고 동인지 《동백冬栢》의 간
행을 하며 시를 발표함.
호서중학교 교사로 취임하여 국어와 상업을
강의하며 동료교사인 화가 백양白洋의 아틀리
에에서 미술과 음악에 심취함.

1948(24세) 보문중학교 교사로 전근.

1950(26세) 초등학교 교사 채용시험에 합격함. 6·25전쟁 발발로 부모를 사별함.

1953(29세) 서울로 올라와 도서출판창조사에서 근무함.

1955(31세) 중학교 국어과 준교사 자격을 취득하고 대전철도학교 교사로 취임.
친구 원영한의 중매로 이태준李台俊과 결혼함.
≪현대문학≫ 6월호에 「가을의 노래」로 박두진 선생에게 첫 추천을 받음.

1956(32세) ≪현대문학≫에 「황토길」「땅」으로 3회 추천 완료 등단함.
대전철도학교를 사임함. 부인이 간호원으로 복직함.

1957(33세) 장녀 노아魯雅 출생.

1959(35세) 차녀 연燕 출생.

1960(36세) 한밭중학교 교사로 취임함.

1961(37세) 당진군 송악중학교 교사로 전근. 삼녀 수명水明 출생.
제5회 충청남도 문화상 수상.

1965(41세) 송악중학교를 사임하고 대전시 오류동에 정착해 택호를 청시사靑柿舍라 칭함.

1966(42세) 사녀 진아眞雅 출생.

1969(45세) 첫 시집 『싸락눈』(삼애사)을 한국시인협회가 주관한 <오늘의 한국시인선집>으로 간행. 「저녁눈」으로 ≪현대시학≫ 제정 제1회 현대시학 작품상을 수상함.

1971(47세) 6인 시집 『청와집靑蛙集』(한국시인협회)을 한성기韓性祺, 임강빈任剛彬, 최원규崔元圭, 조남익趙南翼, 홍희표洪禧杓 등 대전의 시인들과 간행함. 장남 노성魯城 출생.

1973(49세) 대전북중학교 교사로 취임했으나 고혈압의 악화로 수개월 후 사임함.

1974(50세) 한국문인협회 충남지부장 역임.

1975(51세) 제2시집이자 시선집인 『강아지풀』(민음사)을 <오늘의 시인총서>로 간행.

1978(54세) ≪문학사상≫에 에세이 『호박잎에 모이는 빗소리』를 연재함.

1979(55세) 제3시집 『백발의 꽃대궁』(문학예술사)을 <현대시인선>으로 간행.

1980(56세) 7월 교통사고로 삼개월간 입원 치료.
10월 장녀 노아魯雅 결혼.
11월 21일 오후 1시 심장마비로 자택에서 별세(향년 56세).

충남문인협회장으로 영결식을 치르고 대덕군 산내면 가톨릭 묘지에 안장.
12월 사후, 시 「먼바다」와 시집 『백발의 꽃대궁』으로 ≪한국문학≫ 제정 제7회 한국문학작가상을 수상함.

1984년 10월 박용래 시전집 『먼 바다』(창작과 비평사) 간행.
대전 보문공원에서 박용래 시비를 제막함.

〖한국대표명시선100〗을 펴내며

　한국 현대시 100년의 금자탑은 장엄하다. 오랜 역사와 더불어 꽃피워온 얼·말·글의 새벽을 열었고 외세의 침략으로 역경과 수난 속에서도 모국어의 활화산은 더욱 불길을 뿜어 세계문학 속에 한국시의 참모습을 드러내게 되었다.
　이 나라는 글의 나라였고 이 겨레는 시의 겨레였다. 글로 사직을 지키고 시로 살림하며 노래로 산과 물을 감싸왔다. 오늘 높아져 가는 겨레의 위상과 자존의 바탕에도 모국어의 위대한 용암이 들끓고 있음이다.
　이제 우리는 이 땅의 시인들이 척박한 시대를 피땀으로 경작해온 풍성한 시의 수확을 먼 미래의 자손들에게까지 누리고 살 양식으로 공급하는 곳간을 여는 일에 나서야 할 때임을 깨닫고 서두르는 것이다.
　일찍이 만해는 「님의 침묵」으로 빼앗긴 나라를 되찾고 잃어가는 민족정신을 일으켜 세우는 밑거름으로 삼았으며 그 기룸의 뜻은 높은 뫼로 솟아오르고 너른 바다로 뻗어나가고 있다.
　만해가 시를 최초로 활자화한 것은 옥중시 「무궁화를 심고자」(《개벽》 27호 1922. 9)였다. 만해사상실천선양회는 그 아흔 돌을 맞아 만해의 시정신을 기리는 일의 하나로 '한국대표명시선100'을 펴내게 된 것이다.
　이로써 시인들은 더욱 붓을 가다듬어 후세에 길이 남을 명편들을 낳는 일에 나서게 될 것이고, 이 겨레는 이 크나큰 모국어의 축복을 길이 가슴에 새겨나갈 것이다.

만해사상실천선양회

한국대표명시선100 | **박용래**
일락서산에 개구리 울음

1판1쇄 발행 2013년 7월 29일
1판2쇄 발행 2019년 11월 9일

지은이 박용래
뽑은이 만해사상실천선양회
펴낸이 이창섭
펴낸곳 시인생각
등록번호 제2012-000007호(2012.7.6)
주 소 고양시 일산동구 호수로 688. A-419호
        ㉾10364
전 화 050-5552-2222
팩 스 (031)812-5121
이메일 lkb4000@hanmail.net

값 6,000원

ⓒ 박용래, 2013

ISBN 978-89-98047-83-2 03810

* 이 책의 저작권은 저자와 시인생각에 있습니다.
* 잘못된 책은 책을 구입하신 서점에서 교환하여 드립니다.

※ 이 책은 만해사상실천선양회의 지원으로 간행되었습니다.